D0733351

COMMENT TRAVAILLER
AVEC LES
ANGES

ELIZABETH CLARE PROPHET

Lumière d'El Morya

Titre original : *How to work with Angels*, de la collection
Pocket Guides to Practical Spirituality par Elizabeth Clare Prophet.
Édition française et anglaise Copyright © 1998 Summit University Press
Tous droits réservés. All rights reserved.

À l'origine, ce livre a été publié en anglais et imprimé aux États-Unis. Cette
édition française est publiée selon les termes d'un contrat de publication
intervenu entre Lumière d'El Morya et le Summit University Press.
This book was originally published in English and printed in the U.S.A. This
French edition is published under the terms of a license agreement between
Lumière d'El Morya and Summit University Press.

Summit University Press est une marque de commerce enregistrée au U.S.
Patent and Trademark Office. Tous droits réservés.

Aucune partie de ce livre ne peut être reproduite, traduite, mise
en mémoire, affichée ou transmise électroniquement, ou utilisée dans quelque
format ou média que ce soit sans la permission écrite au préalable de Summit
University Press, excepté pour les besoins de la critique citant de courts pas-
sages dans une revue. Pour information, écrire ou téléphoner à :
Summit University Press
P.O. Box 5000, 1 East Gate Road, Gardiner, MT 59030 U.S.A.
Tél. : 406-848-9500 / Télécopieur : 406-848-9555
Courriel : info@summituniversitypress.com
Site web : http://www.summituniversitypress.com

Les Éditions Lumière d'El Morya
4461, rue Saint-André, Montréal, Québec, Canada H2J 2Z5
Tél. : 514-523-9926 / Télécopieur : 514-527-2744
Courriel : elmorya@videotron.ca

Distribution au Canada :
Diffusion Raffin : 450-585-9909 ou 1-800-361-4293
Courriel : diffusionrafin@qc.aira.com

Distribution en France :
Librairie du Québec/D.N.M.
Tél. : (1) 43 54 49 02 Téléc. : (1) 43 54 39 15
Courriel : liquebec@noos.fr

Distribution en Belgique :
Vander, éditeur : Tél. : 02 761 12 12
Courriel : info@vanderdiff.com

Dépôt légal : Bibliothèque Nationale du Canada
             Bibliothèque Nationale du Québec
             Première édition, 3e trimestre 1998
             Deuxième édition, 4e trimestre 2004

ISBN : 2-922136-12-4   Imprimé au Canada

MA RELATION
AVEC LES ANGES

À l'âge de dix-huit ans, un jour où je faisais du ski nautique sur la rivière Navesink au New Jersey, j'eus l'une de mes premières expériences avec les anges. C'était une belle journée et je me dirigeais vers l'océan. Soudain je pris conscience que j'étais entrée dans une autre dimension. Je voyais non pas des milliers mais des millions d'anges.

Je vis qu'ils étaient mes amis, mes frères et mes soeurs, des compagnons spirituels. Je compris que Dieu m'appelait et qu'il m'indiquerait ce que j'aurais à faire pour répondre à son appel. Et je sus que je ne serais plus jamais seule parce que les anges seraient toujours à mes côtés.

Cette vision m'habita tout au long de mes études universitaires alors que je cherchais un contact plus étroit avec les anges et les êtres de lumière. En 1961 j'ai rencontré Mark Prophet, qui est devenu à la fois mon professeur et mon mari. Mark était capable de recevoir des révélations inspirées par les anges et par d'autres êtres spirituels connus comme les Maîtres

Ascensionnés. Je me suis rendu compte que j'étais appelée à recevoir ces révélations qui s'appellent des dictées.

Mark mourut en 1973 et j'ai continué son oeuvre avec l'organisation spirituelle qu'il a fondée, le Summit Lighthouse. A nous deux, nous avons reçu des milliers de dictées, dont sont extraites les citations et prières contenues dans ce livre.

Durant toutes ces années de communion avec les anges, j'ai développé des liens très personnels avec eux. Ils se tiennent toujours tout près de moi, ils me chuchotent des instructions, des conseils, des encouragements. Je sais que, des douzaines de fois, l'archange Michel et ses anges de flamme bleue, nous ont tirées, moi et ma famille, de graves dangers. Jusqu'à mon ange secrétaire qui m'aide à organiser mes journées.

Dans les pages qui suivent, vous apprendrez comment développer votre propre relation avec les anges ou resserrer le contact que vous avez déjà avec eux. Les anges veulent partager votre vie. Ils sont prêts à vous aider à résoudre vos problèmes, grands et petits et à vous permettre de vous rapprocher de votre Moi Supérieur, votre vrai Moi, votre Moi spirituel.

Suivez les étapes esquissées dans ce livre et les anges prendront la relève. Vous ne les verrez peut être pas alors qu'ils voleront rapidement et en rangs serrés pour s'occuper de vos affaires. Mais vous verrez, et parfois dans un temps plus court que vous n'en avez à mis à solliciter leur aide, les résultats de leur travail.

Elizabeth Clare Prophet

NOTE: Toutes les histoires rapportées dans ce livre sont vraies. Toutefois, certains noms ont été changés à la demande des personnes concernées.

COMMENT TRAVAILLER
AVEC LES ANGES:
UN PLAN EN DIX ÉTAPES

*T*out le monde a entendu parler d'histoires d'anges. Des anges qui éloignent des gens d'un précipice ou les tiennent à distance d'une voie ferrée au moment où approche un train. En avertissant des situations dangereuses, ils permettent de les éviter. Ils guident ceux qui affrontent de graves décisions. Ils réconfortent, éclairent et guérissent.

Mais comment avoir des anges qui vous aident? Vous apprendrez, à l'aide de ce livre, à développer des relations avec les anges de sorte que lorsque vous les appellerez, ils répondront. Vous y lirez les techniques spécifiques qui sont employées pour recevoir d'eux des conseils et de l'inspiration. Et comment ils travaillent pour vous, attentifs au plus petit détail de la vie, prenant soin de tout, des sauvetages sur l'autoroute jusqu'aux cures miraculeuses.

Prenez l'exemple d'Alex. Il perdit le contrôle de sa voiture sur une route verglacée. Alors qu'il glissait vers le précipice, il lança un appel à l'archange Michel. Immédiatement sa voiture fut ramenée au milieu de la route, « comme si elle avait été poussée à la main». Et puis il y a Verlene, qui reçut l'aide des anges lorsqu'elle connut un vide total au moment de passer un examen.

Le premier point à définir est: Qui sont les anges et pourquoi répondent-ils à nos prières?

Les anges sont à Dieu ce que les rayons sont au soleil. Dieu les a créés pour nous servir et prendre soin de nous. Leur raison d'être est de répondre à nos prières. Bien que nous vivions dans le monde matériel, nous maintenons, par leur intermédiaire, un lien spécial avec Dieu. Du reste, chacun de nous a, en son for intérieur, une part divine, une étincelle, qui l'autorise à demander de l'aide aux anges — et à espérer des résultats.

Pourvu que ce que vous leur demandiez soit positif et ne nuise à personne ni n'entrave votre destinée, les anges répondront à vos appels. Non seulement vous pouvez les solliciter pour vous-même, mais vous pouvez aussi — les inviter et même les pousser — à exécuter des tâches importantes telles que faire cesser des crimes ou arracher des enfants à la violence et à la drogue.

Les anges attendent littéralement que vous leur donniez des tâches à accomplir. Parce qu'il y a une règle qu'ils brisent très rarement. Ils n'interviennent dans notre monde que si nous le leur demandons. Gardez cela en mémoire alors que vous étudierez ce plan en dix étapes pour obtenir des anges qu'ils travaillent pour vous.

Car il ordonnera à ses anges de te garder dans toutes tes voies.

Psaume 91:11

1
Faites de la place dans votre vie pour les anges

Les anges vivent dans le monde de l'esprit, dans le monde céleste, et nous, nous vivons dans le monde de la matière. Les anges gravitent naturellement près de leur monde. Si vous voulez que les anges se sentent à l'aise avec vous, vous devez rendre votre monde — vos pensées, sentiments et environnement — plus semblable au leur. Pour paraphraser l'Épître de Jacques : « Tenez-vous près des anges et ils se tiendront près de vous ».

Les anges aiment à être entourés de pensées de paix et d'amour, ils sont mal à l'aise dans un climat d'irritation et d'agression. Peut-être ne parvenez-vous pas à chasser de votre esprit le chauffard qui vous a grossièrement coupé la route alors que vous rentriez chez vous. Mais pour vous libérer de tout sentiment de colère, il vous suffit d'entrer en relation avec les anges quelques minutes par jour.

Premièrement, évitez les distractions. Fermez la radio, éteignez la télévision. Isolez-vous dans votre chambre ou, en extérieurs, dans un coin que vous aimez. Imaginez en pensée un ange (ce sera plus facile si vous avez sous les yeux une image de votre ange favori) et communiez avec lui.

Parlez aux anges de vos problèmes, très simplement, comme vous en parleriez à votre meilleur ami. Puis écoutez. Soyez silencieux, accueillez les pensées que les anges mettront dans votre esprit. Vous désirerez peut-être vous servir des techniques exposées dans ce livre pour accroître le flot d'énergie positive venant d'eux.

Bientôt, votre relation avec les anges prendra la forme d'une spirale ascendante : les anges vous aideront à vous sentir plus positif. Et vous sentir positif vous rapprochera des anges.

2

Priez à voix haute

Les anges ont répondu à beaucoup de prières muettes ou de désirs intenses du coeur. Pour attirer leur attention, vous n'avez pas besoin de les invoquer oralement, en particulier lorsque vous vous trouvez dans des lieux inadéquats pour le faire, réunion d'affaire ou transport en commun. Mais vous aurez une réponse beaucoup plus forte lorsque vous leur parlerez à haute voix.

Il y a du pouvoir dans votre parole: le pouvoir de créer ou de détruire. Dieu s'est servi de ce pouvoir lorsqu'Il a dit, « Que la Lumière soit. » En vous servant de votre don de la parole, vous pouvez créer des changements dans votre vie.

La prière parlée existe sous plusieurs formes: les chants et les hymnes qui ont servi traditionnellement à appeler les anges; la prière formelle comme le Notre Père; et la prière libre dans laquelle vous exprimez les plus profonds désirs de votre âme. Vous pouvez combiner tout cela en récitant des « décrets » et des « fiats, » les nouvelles formes de prière que vous apprendrez dans ce livre.

Les décrets permettent à l'homme et à Dieu de travailler ensemble à des changements constructifs. Ce sont des prières qui vous habilitent à dispenser l'énergie divine dans le monde. Les fiats sont de courtes et puissantes affirmations telles que « Archange Michel, aide-moi! aide-moi! aide-moi! ». Elles sont efficaces pour appeler à l'aide les anges.

Dites vos décrets et fiats à voix haute, ferme et forte. Dites-les chez vous devant votre autel personnel, dites-les quand vous allez prendre l'autobus, en voiture, à la montagne, et notamment en cas d'urgence. Et voyez comment les portes du ciel s'ouvriront pour vous.

3

Servez-vous du nom de Dieu

Dieu est à l'intérieur de vous. Et quand vous vous servez de l'énergie de Dieu qui est en vous pour diriger les anges, ils peuvent vous répondre avec tout le pouvoir de l'univers.

Quand Dieu parla à Moïse du buisson ardent, il lui révéla à la fois son nom JE SUIS CELUI QUE JE SUIS, et la vraie nature de l'homme. Vous êtes le bûcher et votre étincelle divine est le feu, le feu que Dieu vous donne en tant que son fils et sa fille. C'est le pouvoir de créer au nom de Dieu et de commander aux anges.

Jésus s'est servi du nom de Dieu quand il a dit « JE SUIS la résurrection et la vie. » Chaque fois que vous dites « JE SUIS..., » vous dites véritablement « Dieu en moi est... » et alors vous tirez à vous tout ce qui suit. Quand vous dites « JE SUIS l'illumination », vous dites que le Dieu qui est en vous améliore la qualité de l'illumination que vous possédiez déjà. Plusieurs des décrets et des fiats de ce livre usent du nom de Dieu JE SUIS CELUI QUE JE SUIS. Essayez-les, et vérifiez le pouvoir accru de vos prières

4
*Faites vos prières et décrets
tous les jours*

Les anges sont toujours là. Mais nous ne savons pas toujours comment les rejoindre. La meilleure façon d'être sûr que les anges vous répondent lorsque vous les appelez, c'est de créer un sentier bien balisé entre votre coeur et le leur en communiquant avec eux tous les jours. Et la meilleure façon de communiquer avec eux c'est de planifier une séance quotidienne de prières ferventes. Il n'est pas nécessaire que ce soit long, cinq minutes est un bon début.

Michel, un mécanicien, raconte que les anges ne cessent de l'aider et que sa récitation quotidienne des décrets lui permet de rester sur la même longueur d'onde qu'eux. « Je me sens de plus en plus en accord avec eux », dit-il. À partir du moment où il récite ses décrets chaque jour, il sait que les anges lui répondront dès qu'il sollicitera leur aide. Il dit que d'ordinaire, dans les quinze secondes qui suivent sa demande, ils lui font retrouver une pièce égarée, et ils l'aident chaque fois qu'il a à diagnostiquer un problème mécanique.

Quand vous priez tous les jours, non seulement vous vous aidez vous-même mais vous aidez aussi des gens que vous ne connaissez même pas. Les anges recherchent ceux qui ont pour habitude d'invoquer la lumière divine afin de les associer au combat qu'ils mènent pour la guérison planétaire. Une fois ces partenaires trouvés, ils les utilisent comme des transmetteurs de lumière divine en direction des personnes que menacent la maladie, les crimes violents ou les désastres naturels. Ainsi vos prières quotidiennes peuvent faire tout un monde de différence.

5
Demandez de l'aide

Même après avoir établi votre relation avec les anges, vous devez toujours vous rappeler de demander de l'aide quand vous en avez besoin. Les anges respectent votre libre arbitre. Dans de rares occasions, ils intercéderont sans que vous le leur demandiez. Mais le plus souvent, ils attendent poliment d'être appelés.

Michel, le mécanicien, raconte que quelquefois il se débat avec un problème durant un long moment avant de se souvenir qu'il peut demander de l'aide. Par exemple, quand il essaie de visser un boulon dans un endroit qu'il ne voit pas. « Je pourrais essayer de visser en vain encore quinze minutes, mais à l'instant où je dis: « S'il vous plaît, les anges, donnez-moi un coup de main! Boum, ça démarre ».

6

Répétez les décrets et les prières

Les prières et les décrets ont plus de puissance évocatrice lorsque vous les répétez. Beaucoup de protestants évitent de redire leurs prières; ils voient dans la répétition une vaine pratique que Jésus déconseillait (Matthieu 6:7). « Après tout», objectent-ils, « pourquoi faudrait-il que nous demandions à Dieu plusieurs fois ce que nous désirons? ». Par contre, les églises catholique et orthodoxe pratiquent la répétion du Notre Père, du Je vous salue Marie, et autres prières. À force de répétitions, certains mystiques, même, sont en état de prière perpétuelle.

Si répéter une prière la rend plus efficace, c'est que chaque fois que vous la dites, vous intensifiez la Lumière de Dieu et des anges. Les anges peuvent se servir de cette énergie comme d'une semence, d'où naîtra encore plus de Lumière, et cela, tout en répondant à votre requête. Alors, choisissez un groupe de prières et de décrets. Répétez-les chaque jour jusqu'à ce que les anges vous répondent.

7

Envoyez vos prières
à la bonne adresse

Si vous avez besoin de faire réparer une tuyauterie, vous faites appel à un plombier. Si vous voulez être secouru contre un agresseur, vous réclamez l'assistance des anges de la protection. Si vous voulez résoudre des problèmes affectifs, vous invoquez les anges de l'amour.

Les anges ont différentes fonctions. Et ils se servent d'énergies à taux vibratoires variés (correspondant à des couleurs) pour accomplir leur travail. Dans les pages suivantes, vous allez faire la connaissance de sept sortes d'anges ainsi que des sept archanges dont ils dépendent. Vous apprendrez aussi quels anges appeler selon les tâches réclamées.

L'idée des sept archanges n'est pas nouvelle. Non plus que l'association des anges avec la couleur ou avec le feu spirituel. Dès le troisième siècle avant J.-C., les Juifs ont écrit à propos des sept archanges. Et ils croyaient que les anges étaient entourés de flammes spirituelles et qu'ils apparaissaient dans une gamme variée de couleurs.

Vous joindrez plus facilement les anges spécialisés dans les services qui vous sont nécessaires si vous appelez l'archange dont ils relèvent.

8

Soyez précis

Les anges répondent à vos appels avec précision et ils en sont très fiers. Plus votre demande sera énoncée clairement, plus leur réponse sera précise. Dans la mesure où votre vie est en harmonie avec la Source universelle, et que vous êtes tourné vers autrui, les anges vous aideront jusque dans les plus infimes détails de votre vie.

Un exemple étonnant nous est donné par cette femme démunie d'argent qui, durant la seconde guerre mondiale, remis à Dieu sa liste de courses. Elle y avait consigné de façon détaillée tout ce dont elle avait besoin pour nourrir sa famille durant le week-end. Quelques heures plus tard, un homme frappa à sa porte. Il lui apportait un panier plein de tout ce qu'elle avait commandé, veau, pommes de terre et farine compris.

Autre exemple: Danette cherchait une voiture d'occasion d'un modèle précis, un

Toyota 4Runner, dont elle savait ne pas pouvoir payer le prix ordinairement réclamé. Elle décida de s'en remettre aux anges.

Elle dressa une liste indiquant l'année du véhicule, la marque, la cylindrée, le kilométrage, le type de jantes et de pneus souhaités. Elle précisa qu'elle désirait un véhicule en bon état, avec conduite et freins assistés, ouverture électrique des portes et fenêtres, régulateur automatique de vitesse. Elle mentionna le prix qu'elle pouvait payer. Puis elle découpa un photo du véhicule qu'elle cherchait et la garda dans sa bourse. Chaque jour, elle la regardait, tout en adressant, durant quinze à quarante minutes, des décrets et des fiats aux anges.

Après plusieurs semaines de vaines recherches dans les annonces classées, Danette commença à s'inquiéter, mais elle n'abandonna pas. « Je sais que les anges travaillent sur mon projet... je ne me contenterai pas de moins », dit-elle. Finalement, elle décida de poursuivre sa recherche dans une autre ville, à douze heures de chez-elle. Des amis qu'elle avait là lui dirent qu'il lui serait impossible de trouver un 4Runner pour la somme d'argent dont elle disposait.

Mais lorsqu'elle consulta le journal local, elle y vit proposé un Toyota 4Runner 1990 «à 3,000 dollars de moins que toutes les offres qu'elle avait vues jusque-là », dit-elle. Le propriétaire du véhicule avait fait insérer l'annonce le matin même et toutes les caractéristiques auxquelles Danette tenait s'y trouvaient. Sa banque lui consentit le prêt et elle retourna chez-elle au volant du 4Runner tout en remerciant les anges durant tout le trajet.

Plus votre demande sera détaillée et précise, plus les résultats vous satisferont.

9

Visualisez ce que vous voulez réaliser

Vous augmentez le pouvoir de vos prières en ayant en tête une image très forte de ce que vous souhaitez. En outre, visualisez autour de votre problème ou de la situation une lumière brillante. Parfois, se concentrer sur une image, comme l'a fait Danette peut aider. Voici un autre exemple de ce que peut accomplir la visualisation.

Des étudiants rentraient chez eux après une conférence spirituelle, quand le moteur de leur voiture se mit à surchauffer. Aucun d'eux n'avait l'argent nécessaire à la réparation. Ils décidèrent donc de solliciter l'aide des anges.

« Chaque fois que l'aiguille du thermostat indiquait que la température du moteur continuait à monter, je faisais de vigoureux appels aux anges » dit Kevin, le conducteur. « J'ai demandé à mes compagnons de visualiser le moteur entouré de neige, baigné d'une eau cristalline venue des glaciers. Aussitôt l'aiguille du

31

thermostat est redescendue, signe que le moteur se refroidissait. »

Les étudiants rentrèrent chez eux sans encombre. Merci aux anges et à une très bonne technique de visualisation! Bien sûr, il est préférable de combiner, quand c'est possible, l'aide des anges avec une aide professionnelle.

10
Attendez-vous à être surpris

La question est posée par presque tous ceux qui ont pensé aux anges: Pourquoi les anges répondent-ils à certaines prières et pas à d'autres? Pourquoi une personne prie-elle durant dix ans sans obtenir ce qu'elle demande, alors qu'une autre l'obtient tout de suite? Pourquoi certaines maisons sont-elles détruites par le feu ou par l'eau alors que d'autres sont sauvées? Il est évident que les anges écoutent les prières de tous.

Une des raisons est que la réponse des anges tient compte de l'effet cumulatif de nos actions bonnes ou mauvaises, passées ou présentes, y compris celles accomplies dans nos vies antérieures, cette somme spirituelle connue sous le nom de karma. Les anges ne sont ni des génies ni des pères Noël. Ils doivent respecter les lois du karma. Sous l'effet de nos prières, ils peuvent parfois éliminer les effets du karma, mais le plus souvent ne peuvent que les réduire.

Les anges sont attentifs à toutes vos demandes. Mais elles ne seront exaucées qu'à trois conditions: 1) elles ne doivent pas entraver le plan divin de votre âme (ou de votre karma). 2) elles ne doivent nuire ni à vous-même ni à autrui. 3) elles doivent attendre un moment propice pour être satisfaites.

Vous pouvez prier des années durant pour gagner à la loterie et ne pas gagner. Mais peut-être vous sera-t-il accordé quelque chose que vous n'attendiez pas, comme un travail mieux rémunéré qui vous ouvrira de nouvelles voies. Ou peut-être encore, si vous ne touchez pas le gros lot, c'est qu'apprendre à gagner votre vie était nécessaire à votre âme. Les anges répondent toujours de la façon la meilleure pour vous.

Si vous suivez les étapes contenues dans ce livre et que vous ne recevez pas de réponse, il se peut qu'à travers ce silence les anges tentent de vous dire quelque chose. Il serait peut-être temps de revoir vos demandes et vos prières et d'essayer de nouveau. Continuez vos prières en sachant que les anges vous donneront la réponse qui conviendra le mieux aux besoins de votre âme. (Voir « Un appel exaucé. ») Les prières donnent toujours des fruits. Vous devez apprendre où regarder.

UN APPEL EXAUCÉ

Quand elle atteignit ses seize ans, Lucy Krasowski eut la prémonition qu'elle mourrait de mort violente à l'âge de trente ans. Ce sentiment ne disparut pas avec l'adolescence. À vingt-cinq ans, elle commença à demander à Dieu de la délivrer de cette fatalité de mort.

Entre temps, elle était devenue agent de police de Montréal. Bien que la violence contre la police soit rare au Canada, Lucy avait l'impression d'être en danger et elle demanda à Dieu de lui indiquer des prières de protection. Elle avait appris que l'archange Michel est le patron des agents de police, elle chercha donc des prières pour l'invoquer.

À l'âge de trente ans, elle assista à une conférence du Centre d'étude du Summit

Lighthouse. Elle y apprit là des décrets et des prières à l'archange Michel aussi bien que le fiat « Archange Michel, aide-moi! aide-moi! aide-moi! ». Elle mémorisa rapidement les décrets et commença à les réciter en allant et en revenant de son travail ou durant les pauses. « J'étais presque en constante communion avec les anges » se rappelle-t-elle.

Le 22 mai 1993, Lucy fit deux heures de décrets à l'archange Michel avant de commencer son travail à 20h. Ce soir-là, elle et son partenaire avaient pour mission de rechercher un homme accusé de voie de fait. Durant leur patrouille, ils accostèrent un homme pour le questionner. Pour toute réponse il pointa sur eux un revolver de 9mm et leur demanda de jeter leurs armes. Comme ils eurent un moment d'hésitation, il tira sur eux, Lucy fut atteinte à la tête, au visage et à la jambe, son partenaire à la tête.

Lucy ouvrit la portière et tomba au sol en tentant de se protéger sous la voiture tout en criant « Archange Michel, aide-moi! aide-moi! aide-moi! ». Ses appels effrayèrent le gangster qui s'éloigna en courant croyant qu'elle demandait de l'aide au moyen de sa radio-patrouille. (Le gangster fut plus tard arrêté et condamné.)

Bien que Lucy ait été sérieusement blessée, les balles n'avaient touché ni sa moelle épinière ni les vaisseaux sanguins les plus importants. « Elle a sans doute frôlé la mort » raconte son chirurgien, le Dr Philip Dahan.

Elle attribue la déviation des balles ainsi que son prompt rétablissement à l'archange Michel. Elle ne perdit jamais conscience et deux jours après l'agression, elle marchait déjà. Dix jours plus tard, elle quittait l'hôpital. Malgré une ouïe réduite et quelques muscles faciaux paralysés, aujourd'hui Lucy entend normalement les sons de fréquence basse. Elle considère que son rétablissement a été providentiel dans la mesure où les médecins lui avaient annoncé qu'elle resterait sourde de l'oreille droite.

Pourquoi l'archange Michel ne lui a-t-il pas évité la fusillade? Elle croit qu'il n'a pu arrêter les balles à cause de son karma — les effets cumulatifs de ses actions antérieures. Mais elle pense que, attentif à ses prières, il a pu tout au moins les dévier, de sorte qu'elle a eu la vie sauve. Bien qu'il semble que son karma l'ait destinée à mourir à trente ans, sa volonté de vivre et sa ténacité à prier ont modifié son destin.

« Mon karma n'a pas permis d'arrêter les balles , mais ce que l'archange Michel a fait est aussi bien. Il m'a sauvé la vie. » dit-elle. «Dieu ne répond pas toujours à nos prières de la façon dont nous le pensons».

LES ANGES
DE LA PROTECTION

COULEUR: Bleu

ARCHANGE: Michel, « Qui est comme Dieu »

DEMEURE SPIRITUELLE: Banff, près du lac
   Louise, Canada

NOUS LES INVOQUONS POUR:
   •*Dons spirituels:* libération de la peur et du
   doute de soi, renforcement de votre foi,
   perfectionnement de votre âme.
   •*Aide pratique:* protection contre les dangers physiques et spirituels et tout ce qui
   concerne les accidents de la circulation, les
   cambriolages, l'agression psychique;
   exorcisme des démons.
   •*Service mondial:* inspiration pour les diri-
   geants, amélioration des gouvernements.

*L*es textes sacrés juifs, chrétiens et isla-
miques vénèrent l'archange Michel. La tradition mystique juive l'identifie comme le
capitaine du Dieu des armées, qui apparut à
Josué avant la bataille de Jéricho, et aussi comme
l'ange qui guida Israël dans la traversée du

désert et sauva les trois juifs de la fournaise ardente de Nebucadnetsar.

L'archange Michel et ses anges de la protection viendront plus volontiers à votre secours si vous les invoquez tous les jours. Des milliers de gens témoignent de miracles qui ont eu lieu grâce à leur solide relation avec les anges de flamme bleue.

Des gens comme Daniel. Pilote d'avion, il avait entrepris d'adresser des décrets aux anges de la protection durant vingt minutes chaque jour. Un jour, alors qu'il avait emmené ses deux petits garçons faire un tour de tracteur près de leur maison, aux environs de Dallas, une branche d'arbre lui tomba sur le cou et le dos. Tout couvert de sang qu'il était, il n'en parvint pas moins à ramener le tracteur à leur maison, distante de quatre cents mètres. Il n'en garda aucun souvenir. Mais son jeune fils Christophe, âgé de quatre ans, se rappelle: « Papa conduisait le tracteur, mais un grand ange bleu s'était assis à l'avant», dit-il. Et cet ange lui avait dit que son papa irait très bien.

Daniel guérit très vite sans subir d'opération, alors que le corps médical lui avait dit qu'il devrait s'estimer heureux de ne pas rester quadriplégique. Daniel croit que les décrets ont permis aux anges de le sauver. (Voir page 83 pour les prières et décrets aux anges.)

FIAT

ARCHANGE MICHEL,
AIDE-MOI! AIDE-MOI! AIDE-MOI!

L'ARCHANGE MICHEL
À LA RESCOUSSE

Kelly et ses amis, Wayne, Russell et Heather n'avaient commencé que depuis quelques semaines à adresser des prières aux anges lorsqu'ils eurent un urgent besoin d'aide.

Les quatre adolescents, qui allaient au pique-nique de l'église, s'étaient entassés dans la petite voiture de Wayne, tout en récitant des décrets de protection pour le voyage.

À peine sortis de l'autoroute, ils roulaient sur le viaduc quand un camion-remorque 18 roues, chargé à ras bords, brûla un feu et vint s'écraser contre leur voiture qu'il traîna sur 175 mètres.

Kelly se trouvait sur le siège arrière, du côté enfoncé par le camion. Elle était prisonnière du métal tordu, des pieds jusqu'au milieu de la poitrine. Au-dessus d'elle, une roue du camion l'écrasait.

« Faits des appels » lui cria Heather qui était aussi sur le siège arrière. Incapable de répondre, Kelly adressa mentalement une prière à l'archange Michel.

Aussi étrange que cela paraisse, Kelly jure qu'instantanément le camion se souleva de quelques centimètres lui donnant le temps de libérer le haut de son corps. Puis il redescendit au même point qu'avant. « Tout à coup je pouvais respirer », dit Kelly. Ses premiers mots furent: « Merci archange Michel! »

Durant les deux heures qu'il fallut pour la libérer de l'amas de ferraille, elle demeura « parfaitement calme », réconfortée par la présence de Michel et de ses anges.

Après trois opérations, elle a toujours quelques problèmes à la hanche mais elle dit « ce n'est rien qui puisse m'empêcher de vivre ». Kelly dit qu'elle sait que l'archange Michel les a sauvés de la mort.

LES ANGES DE
L'ILLUMINATION

COULEUR: Jaune

ARCHANGE: Jophiel, « Beauté de Dieu »

DEMEURE SPIRITUELLE: Près de Lanchow,
au nord de la Chine centrale

NOUS LES INVOQUONS POUR:

•*Dons spirituels:* sagesse, illumination,
compréhension, inspiration, connaissance,
vision claire, contact avec votre Moi
supérieur.

•*Aide pratique:* Ils facilitent l'assimilation
de l'information, ils aident à passer les examens; ils libèrent de la dépendance; dissolvent l'ignorance, l'orgueil et l'étroitesse
d'esprit.

•*Service mondial:* Ils révèlent les méfaits des
gouvernements et des gens d'affaires, ils
aident à combattre la pollution et à nettoyer
notre planète.

Dans les bandes dessinées, il est fréquent
de voir une ampoule électrique s'allumer Pouf!
au-dessus de la tête d'un personnage qui s'écrie:

« J'ai une idée! ». C'est à une inspiration soudaine qu'Einstein lui-même doit sa théorie de la relativité. Mais d'où vient cette inspiration?

Beaucoup de nos idées nous viennent de l'archange Jophiel et des anges de l'illumination, qui nous mettent en communication avec l'Esprit de Dieu, source de toute créativité. Ces anges provoquent nos grandes intuitions et les révélations qui changent nos vies. Ils nous aident à entrer en contact avec notre Moi supérieur, à assimiler des connaissances et à acquérir de nouvelles compétences. Leur premier objectif est de nous délivrer de notre ignorance qui se traduit souvent par une impossibilité à voir notre unité avec Dieu.

Communiquer avec eux c'est vous libérer de tous les blocages qui vous empêchent de vous unir avec votre Moi supérieur, tels que: doute, peur, manque d'estime et de confiance en vous, et toutes formes de dépendances, du chocolat à la nicotine. Ces anges ont également le pouvoir d'augmenter vos capacités intellectuelles et de favoriser un meilleur usage de votre cerveau.

Faites donc appel à eux et demandez leur de vous indiquer les moyens de résoudre les problèmes qui vous préoccupent: qu'ils vous dictent les mots de votre poème, l'intrigue de votre roman, qu'ils vous fournissent des arguments pour votre prochaine réunion d'affaires. Vous pouvez compter sur eux pour réaliser toutes ces tâches aussi bien que pour vous mettre en contact avec votre Moi supérieur, à partir du moment où vous invoquez chaque jour la flamme de l'illumination.

FIAT

ANGES BRILLANTS DU CIEL ÉTOILÉ,
CHARGEZ DE LUMIÈRE MON ÊTRE ET
MON ESPRIT!

PASSER UN EXAMEN

Cela vous est-il arrivé? Vous vous préparez avec le plus grand soin en vue d'un examen. Et le jour de l'épreuve, face à la page blanche, voici que vous n'entendez plus que le tic-tac de l'horloge: vous avez oublié tout ce que vous avez appris.

Verlene a toujours eu beaucoup de difficultés à passer des examens. Même si elle étudiait très fort, elle perdait tous ses moyens au moment de l'épreuve. Quand elle poursuivait des études pour devenir agent immobilier, dans l'Illinois, elle travaillait si bien que son professeur lui dit « Vous allez réussir, haut la main! »

« Non je ne réussirai pas, » pensa-elle avec accablement, « parce que je ne réussis jamais. » Et bien sûr, le jour de l'examen, son esprit était complètement vide.

Elle supplia mentalement les anges d'éclairer sa pensée. Soudain les réponses commencèrent à lui venir et sa plume se mit à courir sur le papier, ce qui lui permit de réussir son examen.

À quel rang, elle ne le sut pas, cette information n'étant pas communiquée, mais l'essentiel est qu'elle eût son diplôme. Elle croit que ce sont les anges qui l'on aidée à réussir. Dès le début de l'épreuve, « j'ai senti une sorte de vent frais », dit-elle.

LES ANGES
DE L'AMOUR

COULEUR: Rose

ARCHANGE: Chamuel, « Celui qui voit Dieu »

DEMEURE SPIRITUELLE: St. Louis, Missouri

NOUS LES INVOQUONS POUR:

•*Dons spirituels:* amour, compassion, miséricorde, créativité, pardon; dissolution de l'égoïsme, du mépris de soi, du sentiment de culpabilité; préparation à recevoir le Saint Esprit.

•*Aide pratique:* protection contre la méchanceté, la calomnie, les malentendus; faculté de nouer de nouvelles amitiés, de faire de nouvelles connaissances, de restaurer des relations détériorées, de fraterniser avec autrui; aide pour obtenir un emploi, retrouver des objets perdus.

•*Service mondial:* apaisement des tensions ethniques et raciales.

L' amour peut être à la fois doux et violent, de même de l'archange Chamuel et ses anges.

Ils peuvent apparaître nimbés de lumière transparente, pour réconforter un enfant apeuré, ou bien revêtus d'une armure pour combattre la jalousie et la haine qui altèrent les relations familiales et amicales.

Les anges de l'amour peuvent vous aider à repousser les forces opposées à l'amour, responsables des dépendances et des problèmes psychologiques tels que dépression et attitudes compulsives. Quand vous vous sentez sous l'emprise d'un désir de nicotine, quand vous perdez confiance en vous, quand vous ne pouvez rien contre les tensions raciales qui divisent votre quartier, faites le vibrant fiat à l'archange Chamuel et à ses anges. (Vous le trouverez p. 54.) Répétez la deuxième partie « Partez, forces opposées à l'amour! » neuf fois ou plus.

Les anges de l'amour peuvent vous faciliter la vie. L'archange Chamuel affectera des anges à votre service qui vous seconderont dans vos tâches quotidiennes à la façon dont le ferait un personnel de maison. Vous pouvez leur demander de faire des courses, d'assurer le succès d'une réunion et aussi de réaliser des programmes particuliers pour votre famille, votre milieu professionnel, ou votre église.

Ils sont des plus compétents pour améliorer la communication entre les êtres. Vous pouvez leur demander d'aider les gens de votre entourage à mieux se comprendre comme de vous aider à être plus attentif aux autres.

Alors, si vos enfants se chamaillent ou si vous ne vous entendez pas bien avec votre partenaire, vos patrons ou vos voisins, si vous avez du mal à faire venir à vous les gens que vous aimeriez fréquenter, ajoutez à votre rituel quotidien quelques prières destinées aux anges de l'amour. Et voyez comment ces anges vous transformeront, vous, et ceux qui vous entourent.

FIAT

AU NOM DE DIEU,
JE SUIS CELUI QUE JE SUIS,
AU NOM DE
L'ARCHANGE CHAMUEL:
SOYEZ BANNIES,
Ô FORCES OPPOSÉES À L'AMOUR!

LES ANGES
CHERCHEURS

Les anges de toutes sortes nous aident à retrouver des objets perdus. Mais les anges de l'amour sont particulièrement soucieux de notre confort et de notre mieux-être.

Ils peuvent retrouver des choses perdues comme des bijoux, des vêtements, même des documents mal classés. Cela fonctionne ainsi. Vous faites un appel: « Les anges, s'il-vous-plaît aidez-moi à trouver.......... » Soudain vous saurez où regarder, vous visionnerez l'objet là où il se trouve ou même vous le retrouvez là où vous aviez déjà regardé.

Patricia avait perdu une boucle d'oreille dans un supermarché très fréquenté. Son amie Carole lui conseilla de demander l'aide des anges chercheurs. Bien qu'incrédule, elle suivit le conseil de son amie. Soudain ses yeux tombèrent sur la boucle d'oreille qui avait roulé sous le comptoir.

Alice, une infirmière, demande très souvent l'aide des anges pour retrouver des objets perdus dans son hôpital. Elle retrouve des objets comme des seringues ou des tubes que personne d'autre ne peut trouver. « C'est comme si dans ma vision intérieure, les anges me montraient l'endroit où regarder » dit-elle.

Nous ferons tout
ce que vous nous demanderez,
autant que cela nous est permis
en la présence de Dieu.

ARCHANGE CHAMUEL

LES ANGES
GUIDES

COULEUR: Blanc

ARCHANGE: Gabriel, « Dieu est ma force »

DEMEURE SPIRITUELLE: Entre Sacramento
et Mount Shasta, Californie

NOUS LES INVOQUONS POUR:

Dons spirituels: Ils vous conseillent dans la création de votre vie spirituelle; ils vous révèlent votre plan de vie et votre mission; ils dissolvent le découragement; ils propagent la joie, le bonheur, ils favorisent la réalisation de vos désirs.

Aide pratique: Ils aident à établir la discipline et l'ordre dans votre vie: l'organisation de votre environnement émotif, mental et matériel, incluant même des choses comme l'achat d'une maison et une nouvelle orientation dans vos études ou votre carrière.

Service mondial: Ils aident à organiser des opérations de maintien de la paix, de distribution de nourriture et de soins médicaux, de secours pour les victimes de désastres naturels.

Gabriel et les anges guides vous aideront à comprendre et à réaliser votre plan de vie. Dans le *Livre de Daniel,* Gabriel aide le prophète à interpréter ses visions et lui donne sagesse et compréhension. Dans *Luc,* il annonce à Marie qu'elle sera la mère du Fils de Dieu. Selon les Musulmans, Gabriel fut l'instructeur des prophètes et dicta le Coran à Mahomet.

Gabriel et ses anges vous aideront à comprendre le plan de vie que vous, votre Moi Supérieur et le conseil d'êtres spirituels avez planifié avant votre naissance. Ils vous aideront à vous souvenir de ce que vous devez faire pour réaliser ce plan et ils vous mettront en contact avec les personnes qui vous prêteront leur concours à cette fin.

Ces anges vous aideront également à défendre votre plan de vie contre les attaques de toutes sortes, découragement, sentiment du ridicule, manque d'argent et de moyens. Ils vous aideront à organiser votre existence de manière à remplir vos obligations quotidiennes tout en travaillant à atteindre des objectifs supérieurs.

Les anges guides vous parleront lorsque vous serez prêts à les écouter. Une des meilleures façons de recevoir leurs conseils est de leur demander de les déposer dans votre esprit durant votre sommeil. En fait, ils le font peut être déjà.

Vous est-il arrivé de vous réveiller dans un merveilleux esprit d'optimisme et avec l'impression d'être sur la bonne voie? Si oui, il y a fort à parier que votre âme a été accueillie dans le séjour des anges pendant que vous dormiez.

Servez-vous de la technique exposée ci-dessous pour améliorer votre contact avec les anges durant votre sommeil.

VISITEZ LES ANGES DANS LEURS DEMEURES

Les archanges ont des demeures spirituelles, ou retraites, situées dans le monde céleste au-dessus de certaines régions du globe terrestre. Point de rassemblement pour les anges, chacun de ces séjours est un centre d'enseignement pour nos âmes durant notre sommeil.

Vous pouvez visiter les universités de l'Esprit, riches en bibliothèques et salles de lecture où il vous sera loisible de vous instruire sur tous les sujets possibles et imaginables, de la psychologie à la sociologie, en passant par l'étude des concepts mathématiques. Votre esprit conscient ne se rappellera sans doute pas tout ce qu'il aura enregistré là, mais ces informations vous reviendront un jour sous forme d'inspiration ou d'intuition.

Choisissez la retraite où vous voulez vous rendre en fonction du genre de travail spirituel que vous désirez poursuivre. Voici un exemple de prière que vous pouvez réciter avant de vous endormir. Insérez le nom et l'endroit de la retraite de l'archange à laquelle vous souhaitez avoir accès.

Au nom de mon vrai Moi, je demande aux anges de conduire mon âme à la retraite éthérique de ....

....
(l'archange Gabriel et des anges guides)

située à ....
(entre Sacramento et Mount Shasta, Californie)

Je demande d'être animé et inspiré par la volonté de Dieu.   Et je demande à

....
(l'archange Gabriel et aux anges guides)

de ....
(insérez votre demande)

Je demande que toutes les informations nécessaires pour l'accomplissement de mon plan divin soient ensuite, en temps utile, révélées à ma conscience au fur et à mesure de mes besoins. Je vous remercie et me soumets à votre toute-puissance pour l'accomplissement de cette prière dès maintenant.

Je suis présent ici
et ne vous abandonnerai pas ...
jusqu'à ce que vous réalisiez
votre raison d'être

ARCHANGE GABRIEL

LES ANGES
DE LA GUÉRISON

COULEUR: Vert

ARCHANGE: Raphaël, « Dieu a guéri »

DEMEURE SPIRITUELLE: Fátima, Portugal

NOUS LES INVOQUONS POUR:

Dons spirituels: vision globale, capacités intellectuelles, appréhension de la vérité.

Aide pratique: guérison du corps, de l'âme et de l'esprit; inspiration pour l'étude et la pratique de la musique, des mathématiques, de la science et de la médecine traditionnelle et alternative; satisfaction des besoins matériels tels que nourriture, habillement, habitation, disposition d'outils de travail.

Service mondial: fin des désaccords entre nations, guérison des blessés sur les champs de bataille, découverte de nouveaux traitements pour les malades.

Raphaël est connu comme un ange de la science, du savoir et de la guérison. Un texte de la tradition juive raconte qu'il révéla à Noé le pouvoir curatif des plantes; un autre nous dit qu'il guérit un homme aveugle et lia un démon. Les catholiques le vénèrent comme l'ange qui guérit un malade à la fontaine de Bethesda. Le livre d'Enoch nous dit que la guérison des maladies et des blessures des hommes font partie de ses responsabilités. Raphaël travaille avec les anges et Marie, Reine des anges, pour guérir les maladies du corps, de l'esprit et de l'âme.

Quand vous avez à résoudre un problème de santé physique ou mentale, consultez d'abord un professionnel de la santé — médecin, chiropraticien ou un psychiatre. Puis mettez les anges au travail. Demandez-leur de dissiper toutes les énergies négatives qui pourraient entraver les effets des soins. Ensuite, demandez-leur de contrôler le travail du thérapeute que vous avez choisi, et d'oeuvrer à travers lui à votre guérison.

Pendant ce temps, priez les anges tous les jours, réclamez la guérison, visualisez la divine et brillante lumière émeraude de la guérison autour et à l'intérieur de la zone malade ou blessée. Insistez pour que les anges de la protection travaillent en association avec les anges de la guérison. Car souvent le processus de guérison est freiné par des forces d'invasion — infections ou énergies négatives — qu'il faut combattre.

Si vos prières ne sont pas suivies de résultats, n'abandonnez pas. Raphaël a expliqué que la guérison physique n'est pas toujours possible. Votre karma peut réclamer que vous fassiez l'expérience, pendant un certain temps, de la souffrance physique ou de la maladie. Toutefois vos prières pourraient bien parvenir à guérir les maladies de l'âme et de l'esprit qui ont été la cause de votre karma initial.

Aussi soyez toujours prêt pour des résultats miraculeux. Vous ne pouvez jamais savoir quand vos prières seront entendues ou quand, par la grâce divine, votre karma sera aboli. Alors vous verrez le merveilleux travail des anges de la guérison restaurer les âmes et les corps brisés.

FIAT

JE SUIS LA RÉSURRECTION
ET LA VIE
DE MA SANTÉ PARFAITE
MAINTENANT MANIFESTÉE

MARIE
MONTRE LE CHEMIN

Marguerite savait que le cancer du sein est une maladie mortelle pour les femmes de son âge, de sorte qu'elle prenait toutes les précautions d'usage. Entre deux mammographies, elle s'examinait elle-même régulièrement. Mais elle se serait rendu compte trop tard de l'existence d'une grosseur à son sein, si elle n'avait reçu l'aide d'une source supérieure.

Depuis trois semaines, chaque jour elle priait la sainte Mère Marie et chantait des hymnes à sa louange, quand elle reçut une preuve tangible de sa présence. « Je me suis réveillée au milieu de la nuit après avoir vu en rêve une belle main illuminée sortant d'un nuage qui m'indiquait sous mon sein gauche une masse dont j'ignorais l'existence», dit-elle. « Mes doigts la trouvèrent immédiatement». Le chirurgien constata qu'il s'agissait bien d'une tumeur et l'enleva. Les cellules n'étaient pas malignes mais un certain nombre d'entre-elles étaient anormales et, sans cette ablation, auraient pu devenir cancéreuses.

La dévotion de Marguerite incluait le rosaire du Nouvel Âge et des chants et hymnes à la sainte Mère Marie tirés de l'album *Sanctissima*. Elle croit que c'est le pouvoir de ses prières qui ont permis à Mère Marie de lui indiquer la présence de cette masse dans son sein.

*Nous venons
pour la guérison de l'âme,
de l'esprit et du coeur,
sachant que tout le reste suivra
comme la guérison du corps.*

ARCHANGE RAPHAËL

BÉNÉDICTIONS
DE GUÉRISON
DE LA REINE DES ANGES

Marie, la mère de Jésus, est connue comme la Reine des anges. Elle fut associée à des milliers de guérisons miraculeuses, spécialement à Lourdes en France, à Medjugorje en Bosnie/Herzégovine, et dans d'autres endroits où elle est apparue. Beaucoup d'étudiants des centres du Summit Lighthouse ont témoigné de leur guérison suite aux prières qu'ils ont faites à Mère Marie en se servant du Rosaire biblique pour le Nouvel Âge, que Mère Marie a donné à Elizabeth Clare Prophet en 1972.

Le rosaire comprend le « Notre Père » et le « Je vous salue, Marie ». Ces prières ont été révisées et les termes « fils et filles de Dieu » substitués, pour nous désigner, à ceux de « pauvres pécheurs ». Dans une dictée, Mère Marie, par l'intermédiaire de Madame Prophet, explique que le « Je vous salue, Marie» doit s'entendre comme une expression de vénération non seulement envers la mère de Dieu, mais aussi envers Dieu considéré comme Mère. Marie dit que des millions d'anges répondent quand vous récitez le « Je vous salue, Marie ».

Récitez-le trois fois ou plus après une fervente prière pour la guérison ou pour quelque don spirituel ou physique que vous désirez.

Je vous salue, Marie, pleine de grâce!
Le Seigneur est avec vous.
Vous êtes bénie entre toutes les femmes
Et Jésus, le fruit de vos entrailles,
est béni.
Sainte Marie, Mère de Dieu,
Priez pour nous, fils et filles de Dieu,
Maintenant et à l'heure de notre victoire
Sur le péché, la maladie et la mort.

Hail, Mary, full of grace!
The Lord is with thee.
Blessed art thou among women
And blessed is the fruit of thy womb,
Jesus.
Holy Mary, Mother of God,
Pray for us, sons and daughters of God,
Now and at the hour of our victory
Over sin, disease and death.

LES ANGES
DE LA PAIX

COULEUR: Pourpre et or moucheté de rubis

ARCHANGE: Uriel, « Feu de Dieu »

DEMEURE SPIRITUELLE: Montagnes Tatra,

sud de Cracovie, Pologne

NOUS LES INVOQUONS POUR:

•*Dons spirituels:* paix intérieure, tranquillité d'esprit, dénouement des noeuds de colère et de peur, renaissance de l'espoir.

•*Aide pratique:* résolution des conflits personnels, sociaux et professionnels; création d'un environnement propice à la création et au progrès; inspiration et aide pour infirmières, médecins, personnels des hôpitaux, conseillers, enseignants, juges et travailleurs publics et tous ceux qui sont au service d'autrui.

•*Service mondial:* fin de la guerre, conclusion de la paix, encouragement à la fraternité et à la tolérance; manifestation de la justice divi-ne dans les tribunaux et entre les nations.

*E*n 1985, des cosmonautes ont rapporté avoir vu par le hublot de la station spatiale *Salyut 7* sept grands anges avec des ailes aussi larges que celles d'un jumbo jet. « Ils souriaient » raconte une femme cosmonaute, « comme s'il partageaient un glorieux secret. »

Ces anges nous remettent en mémoire l'archange Uriel et ses anges de la paix. Ils sont si grands et si puissants qu'ils peuvent résoudre des problèmes insurmontables, d'envergure planétaire même, grâce à la lumière de leurs sourires bienfaisants.

La bible ne parle pas d'Uriel, mais son nom est mentionné dans d'autres textes juifs et chrétiens. Dans la tradition juive, l'archange Uriel est appelé « Celui qui apporte la lumière à Israël. » Il est aussi connu comme un ange du jugement, du tonnerre et du tremblement de terre. Dans le quatrième livre de *Ezra*, Uriel instruit Ezra des secrets de l'univers.

Vous pouvez penser à Uriel et aux anges de la paix comme à des êtres gigantesques, à l'image de ceux qu'ont vus les cosmonautes. Ils ont le pouvoir de ramener la paix dans les régions troublées du monde aussi bien que dans votre maison et jusque dans les esprits égarés. Ils travaillent vite et avec beaucoup de puissance. Quand vous les mettez au travail, il se peut que vos ennuis soient balayés aussi rapidement que les nuages après la pluie. Quand vous leur demandez de s'attaquer à un problème planétaire, aussitôt des millions d'anges s'activent.

Dans la maison, la famille, le psychisme, ils travaillent avec une précision de microchirurgie. Ils aplanissent les difficultés, et vous aideront à éliminer les motifs de discorde avec vos proches. En vous faisant plonger au fond de votre âme, ils vous donneront aussi la force de pardonner les vieilles querelles et de combattre la colère, le comportement suicidaire, le sentiment de vulnérabilité, la peur consciente et inconsciente. Voyez les changements qu'ils peuvent apporter dans votre vie quand vous les accueillez!

FIAT

ARCHANGE URIEL,
FAIS DE MOI UN INSTRUMENT
DE LA PAIX DIVINE

EXERCICE D'ABANDON DE L'ARCHANGE URIEL

Asseyez-vous. Décroisez les jambes. Posez les pieds bien à plat au sol. Écoutez votre coeur. Placez vos mains dessus, en les mettant l'une sur l'autre. Détendez-vous. Puis posez vos mains sur vos genoux, paumes tournées vers le ciel. Respirez doucement.

Dites tendrement à votre âme et à votre corps, « Apaisez-vous! » Répétez ces mots autant de fois que vous le désirez, par multiples de trois, tout en vous voyant nimbé de la lumière pourpre-or-rubis des anges de la paix.

Inspirez profondément. Puis expirez en expulsant vos inquiétudes et soucis. Voyez comment ils se dissolvent au contact de la lumière. Inspirez de nouveau et laissez-vous envahir par la lumière qui prendra la place du fardeau que vous venez d'abandonner. Répétez cet exercice de respiration trois fois.

Récitez la « Prière de Saint François » (page 95). Puis dites trois fois:

Archange Uriel et anges de la paix,
j'accueille la paix que vous m'offrez
dans mon coeur,
mon âme, mon esprit, mon corps!
Faites de moi un instrument
de la paix divine!

LES ANGES
DE LA JOIE

COULEUR: Violet

ARCHANGE: Zadkiel, « Rectitude de Dieu »

DEMEURE SPIRITUELLE: Cuba

NOUS LES INVOQUONS POUR:

•*Dons spirituels:* la liberté de l'âme, le bonheur, la joie, le pardon, la justice, la compassion, la dissolution des souvenirs pénibles et des éléments négatifs.

• *Aide pratique:* la tolérance; la diplomatie; l'inspiration pour les scientifiques, les ingénieurs, les architectes, les acteurs et les interprètes.

•*Service mondial:* oubli des souvenirs de conflits entre nations et groupes ethniques; inspirations créatives pour les négociations et l'écriture des lois, des règlements, des politiques fiscales et des budgets, pour les accords de commerce et de paix.

Les souvenirs négatifs sont parfois des plus difficiles à surmonter. Ils affectent notre comportement envers les autres et l'idée que nous

nous faisons de nous-mêmes. Ils n'ont pas besoin d'être conscients pour nous entraver. Il leur suffit d'habiter notre subconscient pour compromettre subtilement nos relations avec les autres et la façon dont nous voyons nos problèmes et nos projets.

Zadkiel et les anges de la joie peuvent nous aider en ce domaine. Dans la tradition juive, Zadkiel est connu comme l'ange de la bienveillance, de la clémence et de la mémoire. Avec ses anges, il peut nous apprendre à utiliser la flamme violette — la flamme de Dieu qui vibre à la fréquence la plus haute — pour effacer les souvenirs qui nous empêchent de donner la pleine mesure de nos capacités.

La flamme violette accorde à votre âme la liberté, la joie, le pouvoir de création, en vous permettant de dépasser vos limites. Elle peut vous aider à surmonter les effets de votre karma et les habitudes qui vous rendent sensible à la douleur, à la souffrance, faisant de vous un être vulnérable, sans cesse contraint à demander secours aux anges.

Comment cela fonctionne-t-il? Dans le passé, nous avons tous abusé de l'énergie divine en l'associant à des pensées et des sentiments négatifs. Cette énergie nous alourdit et nous empêche de nous unir à Dieu. En invoquant la flamme violette par des décrets, vous pouvez transformer cette énergie négative en énergie positive, ce qui s'appelle transmutation. Comme le dit Zadkiel «Toute cette énergie emprisonnée doit être libérée par le pouvoir de la flamme violette! » Chaque fois que vous récitez des décrets de flamme violette et que vous transmutez en énergie positive l'énergie négative, vous êtes libéré, et donc prêt à recevoir davantage de privilèges et de bénédictions des anges.

La flamme violette peut aussi vous aider à purifier votre corps des résidus de médicaments, pesticides et autres produits chimiques qui risquent de nuire à son bon fonctionnement. Pour juger de la façon dont l'archange Zadkiel et les anges de la joie peuvent vous remplir d'allégresse, essayez les décrets de flamme violette et la visualisation de la page 99.

Faire usage constamment de la flamme violette de transmutation est la meilleure façon de vous engager dans la voie de votre progrès personnel.

ARCHANGE ZADKIEL

FIAT

JE SUIS LA FLAMME VIVANTE
DE LA LIBERTÉ COSMIQUE!

DÉCRETS ET PRIÈRES
AUX ANGES

Récitez le préambule suivant au moment de commencer une séance de dévotion aux anges.

Préambule:

Au nom de JE SUIS CELUI QUE JE SUIS, j'appelle les sept archanges et leurs légions de lumière, j'appelle le bien-aimé archange ....

....

....

et les anges de ....

....

Je vous demande de ....

....

....

....

Je demande que mes appels soient multipliés et qu'ils servent à aider les âmes de cette planète qui sont dans le besoin.

Je vous remercie et m'en remets à votre toute-puissance pour que cette prière soit exaucée maintenant, en accord avec la volonté divine.

PROTECTION
POUR LES VOYAGES

VISUALISATION : Visualisez la présence de l'archange Michel devant vous, derrière vous, à droite et à gauche, au-dessus et en-dessous de vous. Imaginez-vous revêtu d'un casque et d'une armure en acier bleu qui protègent votre corps et votre esprit contre tout danger physique et spirituel. Conservez cette image mentale tout au long de la journée.

Vous pouvez vous servir de cette visualisation pour aider les autres. Quand vous conduisez votre voiture pour vous rendre à votre travail, visualisez la présence de l'archange Michel auprès de chaque voiture sur la route et demandez-lui de protéger toutes les voitures sur toutes les routes du monde ainsi que toute personne se servant de tout autre moyen de transport. Alors votre service aura atteint son efficacité maximale et peut-être mis au travail des millions d'anges.

Commencez à réciter ces décrets lentement et délibérément à voix haute. Lorsque vous le saurez par coeur, dites-le plus rapidement.

DÉCRETS ET PRIÈRES AUX ANGES

RÉPÉTITION : Trois fois ou neuf fois.

> Saint Michel devant !
> Saint Michel derrière !
> Saint Michel à droite !
> Saint Michel à gauche !
> Saint Michel au-dessus !
> Saint Michel au-dessous !
> Saint Michel,
> Saint Michel partout où je vais !
> JE SUIS son Amour qui protège ici !
> JE SUIS son Amour qui protège ici !
> JE SUIS son Amour qui protège ici !

Protection invincible de la Lumière
JE SUIS !
Protection invincible de la Lumière
je commande !
Protection invincible de la Lumière
est mienne chaque jour !
Protection invincible de la lumière
en moi gouverne pour toujours

MÉDITATION
POUR L'ILLUMINATION

VISUALISATION : Visualisez votre tête nimbée et pénétrée de la lumière divine jaune-d'or. Ensuite, voyez les anges de l'illumination baigner votre corps de cette même lumière et la répandre autour de vous sur un mètre de diamètre. À chaque respiration, sentez l'inspiration et le pouvoir créateur s'amplifier en vous. Voyez la noirceur, la lourdeur et le découragement se dissoudre sous l'effet de cette lumière.

RÉPÉTITION : Trois fois, neuf fois ou plus en multiple de trois.

Ô Puissante Présence de Dieu JE SUIS
Au centre et derrière le Soleil :
J'accueille ta Lumière
   qui inonde toute la terre,
   dans ma vie, dans ma pensée,
   dans mon esprit et dans mon âme.
Irradie et fais resplendir ta Lumière !
Brise les chaînes des ténèbres
   et de la superstition !

Remplis-moi de ton immense clarté
   issue du rayonnement de ton feu blanc !
JE SUIS ton enfant et chaque jour
   je deviendrai davantage ta manifestation !

Hélios et Vesta ! Hélios et Vesta !
Hélios et Vesta !
Que la Lumière inonde mon être !
Que la Lumière se répande en mon coeur !
Que la Lumière se répande au centre
de la terre !
Et que la terre soit transformée
en Jour Nouveau !

PRIÈRES
AUX ANGES DE L'AMOUR

VISUALISATION : Placez vos mains sur votre coeur quand vous invoquez les anges de l'amour. Unissez-vous à Dieu par la prière et visualisez-vous immergé dans le fleuve de la vie, ne faisant plus qu'un avec l'océan cosmique de la conscience divine. Visualisez ce que décrit chacun des mots que vous prononcez. Ces prières fortifieront vos liens avec l'archange Chamuel et les anges de l'amour.

RÉPÉTITION : Au besoin, en multiple de trois.

LE BEAUME DE GALAAD

Amour de Dieu, Amour immortel,
Couvre-les de ta Présence ;
Offre-leur ta compassion
Afin de les élever tous !
Par ton pouvoir absolu,
Éclaire-les de tes rayons,
Tous les habitants de la terre
Où la vie semble assombrie !
Que la Lumière de Dieu brille
Pour soulager les hommes ;
Revêts-les, élève-les,
De ton puissant nom JE SUIS !

Comme une rose épanouie
Répand son parfum dans l'air,
Vers Dieu j'élève ma prière,
Unie à l'océan cosmique.

AFFIRMATIONS POUR ÊTRE GUIDÉ PAR LES ANGES

VISUALISATION : Au moment où vous dites ces affirmations, visualisez Gabriel et les anges guides déversant dans votre corps, votre esprit et votre âme une lumière blanche qui emplit de confiance et de joie et vous montre la direction à prendre. Abandonnez-vous à votre plan divin et soyez assuré que la route à suivre vous sera indiquée. Rappelez-vous que chaque fois que vous dites « JE SUIS », vous dites « Dieu en moi est... »

RÉPÉTITION : Une fois, trois fois ou neuf fois.

JE SUIS le plan divin, pur et radieux, de mon propre être
JE SUIS, apportant au monde la plénitude de ma propre mission
JE SUIS un avec le coeur de Dieu
JE SUIS l'Amour de Dieu
JE SUIS l'Amour du ciel
JE SUIS l'Amour des anges
JE SUIS l'Amour des archanges
JE SUIS l'Amour qui est vrai

JE SUIS la réalisation du Grand Projet où j'ai
 puisé mon premier souffle.

AFFIRMATIONS POUR LA
PLÉNITUDE DU CHRIST

INSTRUCTION : Dites ces affirmations pour
vous ou pour toute personne qui aurait besoin
de guérir son corps, son âme ou son esprit.
Commencez par une prière à Raphaël et aux
anges de la guérison. Indiquez le nom et l'état
de santé de la personne à secourir.

VISUALISATION : Quand vous aurez répété
ce décret pendant quelque temps, vous
n'aurez plus à le lire, vous le saurez par coeur.
Alors, fermez les yeux. Il vous sera plus facile
de visualiser la lumière blanche et verte de la
guérison quand vous aurez les yeux clos.
Visualisez le corps délivré de la maladie.

RÉPÉTITION : Trois fois, neuf fois ou trente
six fois chaque jour.

JE SUIS la perfection de Dieu qui se manifeste
 à travers mon corps, mon esprit et mon âme,
JE SUIS le pouvoir de Dieu auquel je dois de
 rester intact et fort !

Ô atomes, cellules, électrons à l'intérieur
    de cette forme qui est mienne,
Que la perfection du ciel me divinise !

La plénitude du Christ m'enveloppe
    de sa puissance,
JE SUIS le Maître tout-puissant qui dit
    « Que la Lumière soit ! »

AFFIRMATIONS
AUX ANGES DE LA PAIX

INSTRUCTIONS : Prononcez ces affirmations chaque fois que vous êtes sur le point de réaliser un projet qui vous est cher, ou pour apaiser des discordes dans votre famille, votre communauté ou votre pays. Soyez confiant : les anges de la paix sauront résoudre vos difficultés le mieux du monde.

VISUALISATION : Voyez la belle énergie pourpre, or et rubis d'Uriel et des anges de la paix entourant et enveloppant la personne ou la situation dont l'état vous préoccupe. Voyez comment l'énergie négative est dissoute par le pouvoir de la paix.

RÉPÉTITION : Aussi souvent que nécessaire.

COMMENT TRAVAILLER AVEC LES ANGES

JE SUIS la douce pluie de paix
JE SUIS la manifestation
   de la perfection divine
JE SUIS le grand battement de coeur
   de l'Amour divin venu d'en haut
JE SUIS le pouvoir de l'Amour infini
   et de la compassion intérieure
JE SUIS la flamme de l'Amour
   qui soutient tout
JE SUIS la réalisation du pouvoir de l'Amour
JE SUIS la manifestation
   de la qualité de la liberté divine
JE SUIS la qualité de paix infinie
   dans la manifestation
JE SUIS la force tranquille
JE SUIS la grande vague d'amour et de paix
   qui recouvre la discorde et le désespoir
JE SUIS le renouvellement de l'espoir dans
   les coeurs qui ont perdu toute espérance
JE SUIS la tolérance partout où il y a
   des oreilles pour entendre et des coeurs
   pour s'émouvoir
JE SUIS la délivrance des hommes
   qu'enchaînait la succession des guerres
JE SUIS un messager de paix

LA PRIÈRE
DE SAINT FRANÇOIS D'ASSISE

INSTRUCTIONS : Servez-vous de cette prière dans vos méditations quotidiennes, en les accompagnant de l'exercice d'abandon de l'archange Uriel (page 77).

Seigneur,
Fais de moi un instrument de ta paix.
Là où est la haine, que je mette l'amour.
Là où est l'offense, que je mette le pardon.
Là où est la discorde, que je mette l'union.
Là où est l'erreur, que je mette la vérité.
Là où est le doute, que je mette la foi.
Là où est le désespoir, que je mette l'espérance.
Là où sont les ténèbres, que je mette la lumière.
Là où est la tristesse, que je mette la joie.
Ô Seigneur,
Que je ne cherche pas tant
À être consolé qu'à consoler,
À être compris qu'à comprendre,
À être aimé qu'à aimer.
Car c'est en se donnant que l'on reçoit,
C'est en pardonnant que l'on obtient le pardon,
C'est en mourant que l'on ressuscite à la vie.

AFFIRMATIONS
AUX ANGES DE LA JOIE

VISUALISATION : La couleur de la flamme violette varie du lilas pâle à l'améthyste foncé. Chaque fois que vous adressez des décrets à Zadkiel et aux anges de la joie, visualisez-vous entouré de ce feu de joie géant. Voyez comment les anges vous libèrent de votre fardeau, de vos préoccupations et vos problèmes : ils les jettent au feu qui les transmue en énergie positive.

RÉPÉTITION : Aussi souvent que nécessaire.

JE SUIS l'Esprit de Lumière sans limite
JE SUIS la conscience de la gloire de Dieu
JE SUIS la conscience du pouvoir de Dieu
JE SUIS la conscience de la flamme violette,
  qui est capable par le pouvoir de Dieu
  de transmuter
  toutes les substances obscures en la pureté
  de la grande Lumière Cosmique
JE SUIS le sentiment béni du bonheur divin
  à travers les pores de ma peau, les pores de
  mon esprit et les pores de mon coeur
JE SUIS libre de toute limite
JE SUIS libre de toute peur

JE SUIS libre de tout ennui et de tout souci
JE SUIS l'abandon de mon âme
   et de la totalité de mon être
   entre les mains du Dieu infini
JE SUIS la liberté de Dieu en manifestation
JE SUIS le bonheur de Dieu en manifestation
J'accepte ma liberté maintenant !

JE SUIS
LA FLAMME VIOLETTE

INSTRUCTION : Dirigez l'énergie de la flamme violette à l'intérieur et à l'extérieur de tous les obstacles qui vous empêchent d'être heureux et libre en Dieu.

VISUALISATION : Visualisez Zadkiel et les anges de la joie en train d'imprégner de leur flamme violette chaque cellule et atome de votre être ainsi que chaque situation pour laquelle vous priez. Vous pouvez visualiser la flamme violette à l'image d'une brosse géante capable de balayer toute douleur et tout désespoir, toute souffrance et toute frustration.

RÉPÉTITION : Trois fois, douze fois ou trente six fois.

COMMENT TRAVAILLER AVEC LES ANGES

JE SUIS la flamme violette active
    en moi maintenant
JE SUIS la flamme violette
    à laquelle j'obéis
JE SUIS la flamme violette
    puissante Force cosmique
JE SUIS Lumière de Dieu
    qui rayonne à toute heure
JE SUIS la flamme violette
    ardente comme un soleil
JE SUIS le pouvoir de Dieu
    délivrant tous les êtres.

JE SUIS la Lumière du coeur
Brillant dans les ténèbres de l'être
Et changeant tout
En un trésor doré de l'Esprit du Christ.

JE SUIS et je projette mon amour
De par le monde
Pour effacer toute erreur
Et briser toute barrière.

JE SUIS le pouvoir d'Amour infini,
S'amplifiant
Jusqu'à sa victoire
Dans le monde sans fin !

TABLE DES MATIÈRES

ELIZABETH CLARE PROPHET est une pion-
nière de la spiritualité moderne. Dans ce
domaine, elle a écrit des classiques comme *Les
Années perdues de Jésus*, *Les Maîtres des Sept
Rayons*, *La réincarnation*, *Le disciple et le sentier*.

Depuis les années soixante, Mme Prophet a
donné des conférences aux États-Unis et dans
le monde entier sur des sujets d'ordre spirituel
comme les anges, l'aura, les âmes soeurs, la
prophétie, une conception spirituelle de la
psychologie, la réincarnation et les voies mystiques des religions du monde. Ses conférences
sont retransmises par plus de 200 stations de
télévision par câble dans tous les États-Unis.

AUTRES PUBLICATIONS EN FRANÇAIS

GUIDES PRATIQUES DE SPIRITUALITÉ

L'ABONDANCE CRÉATRICE

Abondance est amour et sagesse, talents et vertus, argent et biens matériels, tout ce dont nous avons besoin pour atteindre le but de notre vie. Par Elizabeth Clare Prophet.

ISBN 2-922136-05-1   128 pages, 9,25 $

LE POUVOIR CRÉATEUR DU SON

Elizabeth Clare Prophet nous raconte ce que les mystiques savent depuis des milliers d'années : le son est la clé de la création de l'univers.

ISBN 2-922136-01-9   96 pages, 9,25 $

LE POUVOIR REMARQUABLE DES DÉCRETS

Mark L. Prophet et Elizabeth Clare Prophet proposent des prières et des mantras modernes pour le XXIième siècle. Les décrets sont « une joyeuse acclamation adressée au Seigneur ».

ISBN 2-922136-03-5   208 pages, 14,95 $

ÂMES SŒURS ET FLAMMES JUMELLES
Un nouveau regard d'Elizabeth Clare Prophet sur l'amour, le karma et la relation de couple.
ISBN 2-922136-07-8   144 pages, 9,25 $

LA FLAMME VIOLETTE
Elizabeth Clare Prophet raconte comment utiliser cette énergie spirituelle de haute fréquence.
ISBN 2-922136-04-3   120 pages, 9,25 $

DISQUE COMPACT : SAUVONS LE MONDE
AVEC LA FLAMME VIOLETTE
Chants et décrets enseignés par Elizabeth Clare Prophet. Ce disque vous aidera à trouver le rythme juste dans la récitation des décrets.
66 minutes   19,95 $

LES ANNÉES PERDUES DE JÉSUS
Des textes anciens révèlent que Jésus passa dix-sept ans en Orient. Ils disent que de l'âge de treize à vingt-neuf ans il fut à la fois étudiant et maître.
Pour la première fois, Elizabeth Clare Prophet

réunit le témoignage de quatre personnes qui ont vu ces documents remarquables.
ISBN 2-922136-11-6   320 pages, 24,95 $

LE DISCIPLE ET LE SENTIER
Dans ce livre, El Morya montre clairement le chemin à suivre à ceux qui aspirent à un haut niveau de conscience et de spiritualité. Le véritable chercheur de vérité y trouvera de précieuses intuitions et méditations. Ce livre constitue un enseignement personnel qui vous parvient directement du cœur et de l'esprit d'El Morya.
ISBN 2-922136-10-8   160 pages, 19,95 $

MAÎTRES DES SEPT RAYONS
Ce livre d'Elizabeth Clare Prophet raconte l'histoire de sept sages et mystiques qui ont atteint la transcendance de soi sur les sept sentiers initiatiques ou « rayons » de la croissance spirituelle.
ISBN 2-922136-08-6   408 pages, 29,95 $

LA RÉINCARNATION
Il y a longtemps, les chrétiens croyaient à la réincarnation. Cet ouvrage d'Elizabeth Clare Prophet affirme que Jésus donna cet

enseignement, qu'il était un mystique qui professa que notre destin est de nous unir à notre Dieu intérieur. Après la lecture, votre vision de Jésus, et du christianisme, ne sera plus la même.

ISBN 2-922136-06-X   416 pages, 29,95 $

MESSAGE DU PLAN ÉTHÉRIQUE
Ce livre rapporte l'urgente déclaration des Maîtres Ascensionnés révélée à l'un de leurs disciples ayant récemment quitté le plan terrestre. Ce disciple continue son évolution dans les demeures des Maîtres, situées dans le plan éthérique, où lui a été expliqué le sens des diverses prophéties de la fin du XXe siècle.

ISBN 2-922136-00-0   56 pages, 5,95 $

ENSEMBLE DE PETITES CARTES

LES MAÎTRES DES SEPT RAYONS
ET LE MAHA CHOHAN
Ensemble de 9 cartes
55 mm x 92 mm (2 1/8 po. x 3 5/8 po.) 16,95 $
1 Carte de présentation
2 El Morya

3 Lanto
4 Paul le Vénitien
5 Serapis Bey
6 Hilarion
7 Nada
8 Saint-Germain
9 Maha Chohan

LES CHAKRAS
Ensemble de 9 cartes
55 mm x 92 mm (2 1/8 po. x 3 5/8 po.) 16,95 $
1 L'homme aux chakras
2 Base de la colonne vertébrale
3 Siège de l'âme
4 Plexus solaire
5 Cœur
6 Chambre secrète du cœur
7 Gorge
8 Troisième œil
9 Couronne

LA REPRÉSENTATION
DE VOTRE MOI DIVIN

Sur cette affiche, la figure du haut symbolise la présence JE SUIS, le Dieu individualisé pour chaque fils et fille de Dieu. Elle est entourée de cercles lumineux (les anneaux de couleurs) qui forment le corps causal.

La figure centrale représente le Moi Christique, médiateur entre Dieu et l'homme, appelé aussi Vrai Moi ou Conscience Christique, ou bien encore Corps Mental Supérieur.

La figure du bas représente vos quatre corps inférieurs qui correspondent aux quatre éléments : feu, air, eau, terre, soit le corps éthérique, le corps mental, le corps astral, le corps physique.

Les trois figures du schéma correspondent à la Trinité : le Père (figure du haut), le Fils (figure du centre), le Saint Esprit (figure du bas).

La figure du bas est destinée à devenir le temple du Saint Esprit comme l'indique la flamme violette du feu sacré. Cette image représente la réalité de l'être, votre origine, votre réalité présente dans le plan de la matière et votre retour à la source : le passé, le présent et l'avenir.

2 FORMATS : AFFICHE 38 cm x 56 cm (15 po. x 26 po.), 12 $ PETITE CARTE 55 mm x 92 mm (2 1/8 po. x 3 5/8 po.), 2$

 Lumière d'El Morya

4461, rue Saint-André, Montréal, QC,
Canada H2J 2Z5
Tél. : 514-523-9926 Téléc. : 514-527-2744
Courriel : elmorya@videotron.ca

Distribution au Canada :
Diffusion Raffin :
Tél. : 450-585-9909 ou 1-800-361-4293
Courriel : diffusionraffin@qc.aira.com

Distribution en France :
Librairie du Québec / D.N.M.
30, rue Gay Lussac, 75005 Paris, France
Tél. : (1) 43 54 49 02 Téléc. : (1) 43 54 39 15
Courriel : liquebec@noos.fr

Distribution en Belgique :
Vander, éditeur :
Tél. : 02 761 12 12
Courriel : info@vanderdiff.com

POUR TOUT RENSEIGNEMENT
EN ANGLAIS,
ÉCRIRE OU TÉLÉPHONER À :
THE SUMMIT LIGHTHOUSE
P.O. Box 5000, Gardiner, MT 59030 U.S.A.
Tél. : 406-848-9500
Téléc. : 406-848-9555
Courriel : tslinfo@tsl.org
Site web : http:/www.tsl.org

POUR TOUT RENSEIGNEMENT
EN FRANÇAIS,
ÉCRIRE OU TÉLÉPHONER À :
**Centre d'enseignement de Montréal
LE PHARE DU SOMMET**
C.P. 244, Succursale R, Montréal, Québec
Canada H2S 3K9
Tél. : 514-273-4799
(Écrire ou téléphoner à Lumière d'El Morya)
Le site web en français : http:/www.tsl.org

IL Y A QUATRE CENTRES
SUMMIT LIGHTHOUSE
AU QUÉBEC :

MONTRÉAL
QUÉBEC
GATINEAU/OTTAWA
RIVIÈRE-DU-LOUP

Pour tout renseignement, téléphonez à
LUMIÈRE D'EL MORYA
514-523-9926

Lumière d'El Morya

4461, rue saint-André, Montréal, Québec
Canada H2J 2Z5
Tél. : 514-523-9926
Téléc. : 514-527-2744
Courriel : elmorya@videotron.ca